MW00454677

NADIE TIENE QUE SABERLO EXCEPTO TÚ

MADAME G. ROUGE

NADIE TIENE QUE SABERLO EXCEPTO TÚ

**El libro para
sanar tu corazón**

Papel certificado por el Forest Stewardship Council®

Título original: *Nessuno deve saperlo tranne te*

Primera edición: octubre de 2023
Primera reimpresión: octubre de 2023

© 2023, Madame G. Rouge
© 2023, Penguin Random House Grupo Editorial, S. A. U.
Travessera de Gràcia, 47-49. 08021 Barcelona
Diseño de portada: Penguin Random House Grupo Editorial / Madame G. Rouge
Ilustración de cubierta: Seamartini / Vectorstock

Penguin Random House Grupo Editorial apoya la protección del *copyright*.
El *copyright* estimula la creatividad, defiende la diversidad en el ámbito de las ideas y el conocimiento,
promueve la libre expresión y favorece una cultura viva. Gracias por comprar una edición autorizada
de este libro y por respetar las leyes del *copyright* al no reproducir, escanear ni distribuir ninguna
parte de esta obra por ningún medio sin permiso. Al hacerlo está respaldando a los autores
y permitiendo que PRHGE continúe publicando libros para todos los lectores.
Diríjase a CEDRO (Centro Español de Derechos Reprográficos, http://www.cedro.org)
si necesita fotocopiar o escanear algún fragmento de esta obra.

Printed in Spain – Impreso en España

ISBN: 978-84-02-42901-8
Depósito legal: B-13.748-2023

Compuesto por Marta Masdeu Tarruella

Impreso en Gómez Aparicio, S. L.
Casarrubuelos (Madrid)

BG 29018

INTRODUCCIÓN

La vida está llena de altibajos, y a veces nos enfrentamos a situaciones difíciles que nos hunden y hacen que nos sintamos desesperadas.

Si has pasado por una ruptura o un momento difícil y estás buscando una manera de superar este periodo complicado y mirar al futuro con optimismo, este libro es para ti.

En las páginas siguientes, mediante ejercicios de autorreflexión te guiaré para ayudarte a comprender las causas de tu dolor y que encuentres formas saludables y positivas de superar esta época difícil. Con actividades de escritura introspectiva y preguntas de opción múltiple aprenderás a tomar el control de tus pensamientos y emociones, a hallar tu propósito y pasión en la vida, y a construir un futuro lleno de esperanza y oportunidades.

No es fácil enfrentarse a los desafíos de la vida, pero con la actitud correcta y las estrategias adecuadas, puedes superar cualquier obstáculo y mirar hacia el futuro con confianza.

Si estás lista para tomar el control y convertir las dificultades en oportunidades, comencemos este viaje.

JURAMENTO

Yo, _____,
nacida el _____
en _____,

juro ser fiel a mí misma y me comprometo a ser
mi mejor versión. Me comprometo a trabajar duro para
lograr mis objetivos, a nunca rendirme y a nunca permitir
que mis sueños y aspiraciones se cuestionen.

Me comprometo a ser honesta conmigo misma
y con los demás, a ser amable y compasiva, a respetar
a los demás y a cuidarme. Me comprometo a aprender
de mis errores, a no juzgarme demasiado y a
perdonarme cuando sea necesario.

Me comprometo a estar agradecida por lo que tengo,
a valorar las oportunidades que se me ofrecen y a hacer
todo lo posible para ayudar a los demás. Me comprometo
a ser fuerte y valiente, a no vacilar a la hora de
enfrentarme a mis miedos y a vivir mi vida al máximo.

Este es mi juramento a mí misma y lo acataré cada
día de mi vida.

Juro solemnemente decir la verdad, toda la verdad
y nada más que la verdad.

Fecha: _____

Firma: _____

ESTA
SOY
YO

¿Me defino generalmente como una persona extrovertida o introvertida?

    a) Extrovertida

    b) Introvertida

    c) No lo sé, depende de la situación

¿Cómo describiría mi carácter con dos adjetivos?

    a) Fuerte y decidida

    b) Sensible y compasiva

    c) Tímida y reservada

    d) Espontánea y animada

    e) Otros, que serían: _____

¿Cuál de estas frases describe mejor mi manera de afrontar los problemas?

    a) Abordo los problemas con determinación y lógica

    b) Prefiero evitar los conflictos y encontrar soluciones pacíficas

    c) Reacciono temperamentalmente a los desafíos y luego trato de resolverlos

    d) Me gusta planificar cuidadosamente las cosas y seguir un plan de acción

¿Cuál de las siguientes afirmaciones me describe mejor?
- **a)** Soy muy organizada y metódica
- **b)** Soy creativa y estoy abierta a las novedades
- **c)** Soy pragmática y realista
- **d)** Soy una persona soñadora y con una gran imaginación

¿Cómo me siento normalmente en grupo?
- **a)** En mi hábitat natural
- **b)** Vergonzosa y tímida
- **c)** No me gusta ser el centro de atención
- **d)** Me gusta ser la líder del grupo
- **e)** De otra manera, que sería: _____

¿Cuál de las siguientes afirmaciones está en línea con mi carácter?
- **a)** Soy una persona muy empática y entiendo fácilmente las emociones de los demás
- **b)** Soy más bien racional y tiendo a dejar de lado las emociones
- **c)** Me resulta difícil comprender las emociones de los demás y gestionar las mías
- **d)** Soy emocionalmente estable y puedo manejar bien mis emociones

¿Cuál de los siguientes adjetivos me describe mejor?
- **a)** Competitiva
- **b)** Colaborativa
- **c)** Independiente
- **d)** Dependiente
- **e)** Otro, que sería: _____

¿Cuál de los siguientes tipos de actividad prefiero?
- **a)** Actividades creativas como pintar o escribir
- **b)** Actividades físicas como hacer deporte o caminar al aire libre
- **c)** Actividades culturales como visitar museos o ir al teatro
- **d)** Actividades sociales como quedar con amigos o salir de fiesta
- **e)** Otras, que serían: _____

¿Cuál de las siguientes palabras describe mejor mi estado de ánimo en este momento?
- **a)** Triste
- **b)** Feliz
- **c)** Nerviosa
- **d)** Tranquila
- **e)** Otra, que sería: _____

¿Cuál de las siguientes frases describe mejor cómo me siento en este momento?
   a) Estoy muy feliz y contenta
   b) Estoy muy triste y decepcionada
   c) Estoy muy tensa y nerviosa
   d) Estoy muy calmada y tranquila
   e) Otra, que sería: _____

Si mi estado de ánimo fuera un color sería...
   a) Azul
   b) Amarillo
   c) Rojo
   d) Verde
   e) Otro, que sería: _____

¿Cuál de las siguientes emociones la he sentido más a menudo recientemente?
   a) Felicidad
   b) Tristeza
   c) Rabia
   d) Preocupación
   e) Otra, que sería: _____

¿Cuál de las siguientes actividades me gustaría hacer en este momento para mejorar mi estado de ánimo?
   a) Dar un paseo al aire libre
   b) Ver una película o una serie de televisión
   c) Hacer un poco de ejercicio
   d) Leer un libro o escuchar música
   e) Otra, que sería: _____

¿Cuál de las siguientes situaciones me ha hecho sentir más cómoda recientemente?

    a) Estar sola

    b) Estar con los amigos

    c) Hacer algo creativo, como pintar o escribir

    d) Ir de compras

    e) Otra, que sería: _____

¿Cuáles de los siguientes problemas me preocupan más en este último periodo?

    a) Problemas familiares o personales

    b) Problemas laborales o escolares

    c) Problemas de salud

    d) Problemas financieros

    e) Otros, que serían: _____

Si tuviera que elegir una canción que describiera mi estado de ánimo en este momento, ¿cuál elegiría?

    a) Una canción triste o melancólica

    b) Una canción alegre u optimista

    c) Una canción enérgica o motivadora

    d) Una canción relajante o tranquila

    e) Otra, que sería: _____

¿Cuál de las siguientes expresiones faciales describe mejor cómo me siento en este momento?

    a) Sonrisa

    b) Llanto

    c) Ceño fruncido

    d) Expresión neutra o impasible

    e) Otra, que sería: _____

Si tuviera que asociar mi estado de ánimo con un animal, ¿cuál elegiría?

a) Un cachorro de perro, símbolo de alegría y felicidad

b) Un gatito, símbolo de tranquilidad y calma

c) Un león, símbolo de fuerza y coraje

d) Un águila, símbolo de libertad

e) Otro, que sería: _____

Cómo me describiría a mí misma:

_____

_____

_____

_____

_____

_____

_____

Cómo creo que me ven los demás:

_____

_____

_____

_____

_____

_____

_____

Las cosas que me gustan de mí misma:

_____

_____

_____

_____

_____

_____

Las cosas que odio de mí misma:

_____

_____

_____

_____

_____

_____

Cómo describiría mi aspecto físico:

_____

_____

_____

_____

_____

_____

Cómo creo que me ven los demás físicamente:

_____

_____

_____

_____

_____

_____

Qué es lo más importante en mi vida:

_____

_____

_____

_____

_____

_____

Qué me hace feliz:

_____

_____

_____

_____

_____

_____

Qué es lo que más me asusta:

_____

_____

_____

_____

_____

_____

_____

Qué me gusta hacer:

_____

_____

_____

_____

_____

_____

_____

Qué me gustaría que los demás recordaran de mí algún día:

_____

_____

_____

_____

_____

_____

Lo que nunca tuve el valor de hacer:

_____

_____

_____

_____

_____

_____

Cosas de las que me siento orgullosa:

_____

_____

_____

_____

_____

_____

_____

Cosas de las que me arrepiento y que no volvería a hacer:

_____

_____

_____

_____

_____

_____

_____

Mi mayor virtud:

_____

_____

_____

_____

_____

_____

Mi mayor defecto:

_____

_____

_____

_____

_____

_____

Mi mayor fortaleza:

_____

_____

_____

_____

_____

_____

Mi mayor debilidad:

_____

_____

_____

_____

_____

_____

Antes de dormirme siempre pienso en:

_____

_____

_____

_____

_____

_____

_____

Un sueño recurrente:

_____

_____

_____

_____

_____

_____

Un secreto inconfesable:

_____

_____

_____

_____

_____

_____

El mejor día que recuerdo haber tenido:

_____

_____

_____

_____

_____

_____

Mi relación con la comida:

_____

_____

_____

_____

_____

_____

_____

La relación que tengo con mi cuerpo:

_____

_____

_____

_____

_____

_____

Lo que cambiaría de mi cuerpo:

_____

_____

_____

_____

_____

_____

Lo que cambiaría de mi carácter:

_____

_____

_____

_____

_____

_____

Lo que más me enfada:

_____

_____

_____

_____

_____

_____

Lo que me molesta de la gente:

_____

_____

_____

_____

_____

_____

Este espacio es para que escriba una carta a la niña que fui:

_____

_____

_____

_____

_____

_____

_____

_____

_____

_____

_____

_____

_____

_____

Lo que creo que los demás piensan de mí:

_____

_____

_____

_____

_____

_____

_____

Mi día perfecto:

_____

_____

_____

_____

_____

_____

Este espacio es para que escriba todo lo negativo que tengo en la cabeza:

(Después puedo arrancar esta página y quemarla para que mis pensamientos negativos se desvanezcan junto con el humo).

_____

_____

_____

_____

_____

_____

_____

_____

_____

_____

_____

_____

Este espacio es para que escriba todo lo negativo que tengo en la cabeza:
(Después puedo arrancar esta página y quemarla para que mis pensamientos negativos se desvanezcan junto con el humo).

_____

_____

_____

_____

_____

_____

_____

_____

_____

_____

_____

Se me da bien:

_____

_____

_____

_____

_____

_____

No se me da bien:

_____

_____

_____

_____

_____

_____

Cómo me veo a mí misma:
(Llena los corazones del 1 al 10)

Hermosa ♡ ♡ ♡ ♡ ♡ ♡ ♡ ♡ ♡ ♡

Simpática ♡ ♡ ♡ ♡ ♡ ♡ ♡ ♡ ♡ ♡

Inteligente ♡ ♡ ♡ ♡ ♡ ♡ ♡ ♡ ♡ ♡

Sociable ♡ ♡ ♡ ♡ ♡ ♡ ♡ ♡ ♡ ♡

Respetuosa ♡ ♡ ♡ ♡ ♡ ♡ ♡ ♡ ♡ ♡

Honesta ♡ ♡ ♡ ♡ ♡ ♡ ♡ ♡ ♡ ♡

Segura ♡ ♡ ♡ ♡ ♡ ♡ ♡ ♡ ♡ ♡

Fiel ♡ ♡ ♡ ♡ ♡ ♡ ♡ ♡ ♡ ♡

Tranquila ♡ ♡ ♡ ♡ ♡ ♡ ♡ ♡ ♡ ♡

Amorosa ♡ ♡ ♡ ♡ ♡ ♡ ♡ ♡ ♡ ♡

Amable ♡ ♡ ♡ ♡ ♡ ♡ ♡ ♡ ♡ ♡

Considerada ♡ ♡ ♡ ♡ ♡ ♡ ♡ ♡ ♡ ♡

Generosa ♡ ♡ ♡ ♡ ♡ ♡ ♡ ♡ ♡ ♡

Agradecida ♡ ♡ ♡ ♡ ♡ ♡ ♡ ♡ ♡ ♡

Cómo me veo a mí misma:
(Llena los corazones del 1 al 10)

Responsable ♡ ♡ ♡ ♡ ♡ ♡ ♡ ♡ ♡ ♡

Leal ♡ ♡ ♡ ♡ ♡ ♡ ♡ ♡ ♡ ♡

Empática ♡ ♡ ♡ ♡ ♡ ♡ ♡ ♡ ♡ ♡

Comprensiva ♡ ♡ ♡ ♡ ♡ ♡ ♡ ♡ ♡ ♡

Confiada ♡ ♡ ♡ ♡ ♡ ♡ ♡ ♡ ♡ ♡

Sincera ♡ ♡ ♡ ♡ ♡ ♡ ♡ ♡ ♡ ♡

Sabia ♡ ♡ ♡ ♡ ♡ ♡ ♡ ♡ ♡ ♡

Fuerte ♡ ♡ ♡ ♡ ♡ ♡ ♡ ♡ ♡ ♡

Valiente ♡ ♡ ♡ ♡ ♡ ♡ ♡ ♡ ♡ ♡

Determinada ♡ ♡ ♡ ♡ ♡ ♡ ♡ ♡ ♡ ♡

Talentosa ♡ ♡ ♡ ♡ ♡ ♡ ♡ ♡ ♡ ♡

Sensible ♡ ♡ ♡ ♡ ♡ ♡ ♡ ♡ ♡ ♡

Intuitiva ♡ ♡ ♡ ♡ ♡ ♡ ♡ ♡ ♡ ♡

Creativa ♡ ♡ ♡ ♡ ♡ ♡ ♡ ♡ ♡ ♡

Tres adjetivos que me describen:

1. _____
2. _____
3. _____

Mis tres cualidades principales:

1. _____
2. _____
3. _____

Mis tres defectos principales:

1. _____
2. _____
3. _____

Mis tres pasiones:

1. _____
2. _____
3. _____

Mis preocupaciones:

1. _____
2. _____
3. _____

Estoy celosa de:

1. _____
2. _____
3. _____

Mis tres comidas favoritas:

1. _____
2. _____
3. _____

Mis tres canciones favoritas:

1. _____
2. _____
3. _____

Mis tres actividades favoritas:

1. _____
2. _____
3. _____

No podría vivir sin:

1. _____
2. _____
3. _____

Tres cosas que me chiflan:

1. _____
2. _____
3. _____

Mi cita o frase favorita:

_____

_____

_____

Tres cosas que odio con todas mis fuerzas:

1. _____
2. _____
3. _____

Me aterroriza:

1. _____
2. _____
3. _____

Me gustaría vivir en:

1. _____
2. _____
3. _____

Me gustaría viajar a:

1. _____
2. _____
3. _____

Mis lugares favoritos:

1. _____
2. _____
3. _____

Tres alimentos que no soporto:

1. _____
2. _____
3. _____

Celebridades a las que respeto:

1. _____
2. _____
3. _____

Mis mejores amigas:

1. _____
2. _____
3. _____

Mis flechazos secretos:

1. _____
2. _____
3. _____

Mis asignaturas favoritas:

1. _____
2. _____
3. _____

Mis zapatos favoritos:

1. _____
2. _____
3. _____

Tres lugares de mi ciudad que me encantan:

1. _____
2. _____
3. _____

Mis marcas favoritas:

1. _____
2. _____
3. _____

Mis colores favoritos:

1. _____
2. _____
3. _____

El trabajo de mis sueños:

1. _____
2. _____
3. _____

Mis animales favoritos:

1. _____
2. _____
3. _____

Mi serie de televisión favorita:

1. _____
2. _____
3. _____

Tres lugares de mi ciudad que odio:

1. _____
2. _____
3. _____

Películas favoritas:

1. _____
2. _____
3. _____

Discotecas favoritas:

1. _____
2. _____
3. _____

Actividades deportivas favoritas:

1. _____
2. _____
3. _____

Libros favoritos:

1. _____
2. _____
3. _____

Influencers favoritos:

1. _____
2. _____
3. _____

Asignaturas favoritas:

1. _____
2. _____
3. _____

Tres mujeres que me inspiran:

1. _____
2. _____
3. _____

Tres personas que conozco y respeto:

1. _____
2. _____
3. _____

Tres personas que conozco y odio:

1. _____
2. _____
3. _____

Cosas que me hacen reír:

1. _____
2. _____
3. _____

Cosas que me hacen llorar:

1. _____
2. _____
3. _____

Trabajos favoritos:

1. _____
2. _____
3. _____

Cosas que me hacen sufrir:

1. _____
2. _____
3. _____

Cosas que me relajan:

1. _____
2. _____
3. _____

Meses favoritos:

1. _____
2. _____
3. _____

Signos del zodiaco favoritos:

1. _____
2. _____
3. _____

Nombres de chico favoritos:

1. _____
2. _____
3. _____

Nombres de chica favoritos:

1. _____
2. _____
3. _____

Sueños dorados:

1. _____
2. _____
3. _____

Cantantes favoritos:

1. _____
2. _____
3. _____

Actores y actrices favoritos:

1. _____
2. _____
3. _____

Programas de televisión favoritos:

1. _____
2. _____
3. _____

Palabras favoritas:

1. _____
2. _____
3. _____

Conciertos que me gustaría ver:

1. _____
2. _____
3. _____

Mi apodo de niña:

_____

_____

_____

Mi apodo ahora:

_____

_____

_____

Mis restaurantes favoritos:

1. _____
2. _____
3. _____

El emoji que más utilizo:

1. _____
2. _____
3. _____

Periodos históricos en los que me gustaría haber vivido:

1. _____
2. _____
3. _____

Mis vicios:

1. _____
2. _____
3. _____

PASADO

¿Cuáles son las emociones que más sentí en el pasado?
- **a)** Tristeza
- **b)** Miedo
- **c)** Rabia
- **d)** Felicidad
- **e)** Indiferencia

¿Cómo describiría la relación con mis padres en el pasado?
- **a)** Era muy distante y poco profunda
- **b)** Era muy cariñosa y estrecha
- **c)** Era conflictiva y difícil
- **d)** Era neutral y formal

¿Cuáles fueron los momentos más difíciles que viví en el pasado?
- **a)** Problemas de salud
- **b)** Problemas económicos
- **c)** Problemas emocionales y relacionales
- **d)** Otros, que serían: _____

¿Cómo afronté los momentos difíciles en el pasado?
- **a)** Busqué el apoyo de amigos y familiares
- **b)** Busqué ayuda profesional (médico especialista, terapia, etc.)
- **c)** Intenté resolver los problemas por mí misma
- **d)** Ignoré los problemas y traté de fingir que no existían

¿Cómo describiría mi nivel de autoestima en el pasado?
- **a)** Muy bajo
- **b)** Bajo
- **c)** Medio
- **d)** Alto
- **e)** Muy alto

¿Cómo manejé mis emociones en el pasado?
- **a)** Traté de ocultarlas o negarlas
- **b)** Las expresé de forma constructiva
- **c)** Las expresé de forma destructiva (por ejemplo, mediante comportamientos autodestructivos o relaciones tóxicas)
- **d)** Intenté controlarlas o suprimirlas

¿Cómo describiría mi nivel de confianza en mí misma en el pasado?
- **a)** Muy bajo
- **b)** Bajo
- **c)** Medio
- **d)** Alto
- **e)** Muy alto

¿Cómo describiría la relación con los demás en el pasado?

    a) Era muy solitaria y me costaba hacer amigos

    b) A veces era solitaria, pero tenía un círculo de amigos estable

    c) Contaba con un círculo de amigos estable

    d) Tenía muchos amigos y relaciones positivas

¿Cuáles fueron los momentos más felices que viví en el pasado?

    a) Logros personales o profesionales

    b) Vacaciones o viajes

    c) Momentos con amigos y familiares

    d) Otros, que serían: _____

¿Cómo describiría la relación con mi cuerpo en el pasado?

    a) Me sentía muy insegura e insatisfecha con mi cuerpo

    b) A veces me sentía insegura con mi cuerpo, pero generalmente satisfecha con él

    c) Generalmente me sentía satisfecha con mi cuerpo

    d) Me sentía muy satisfecha con mi cuerpo

¿Cómo describiría mi nivel de resiliencia en el pasado?

    a) Muy bajo

    b) Bajo

    c) Medio

    d) Alto

    e) Muy alto

¿Cómo describiría mi relación con el pasado en general?

a) Muy negativa, me siento culpable y me arrepiento de muchas cosas

b) Un poco negativa, pero también con algunos aspectos positivos

c) Generalmente positiva, recuerdo algunos momentos difíciles pero también tengo muchos recuerdos felices

d) Muy positiva, me arrepiento de pocas cosas o de ninguna y creo haber tenido una vida satisfactoria

¿Cómo manejé las decepciones y frustraciones en el pasado?

a) Traté de ignorarlas o suprimirlas

b) Traté de resolverlas mediante el diálogo y el compromiso

c) Las descargué mediante comportamientos o relaciones autodestructivas y tóxicas

d) Traté de extraer enseñanzas de ellas y crecimiento personal

¿Cuál fue mi principal fuente de apoyo emocional en el pasado?

a) Amigos y familiares

b) Pareja

c) Profesionales de la salud mental

d) Otra, que sería: _____

Mi pasado en pocas palabras:

_____

_____

_____

_____

_____

_____

_____

_____

_____

_____

_____

_____

_____

_____

_____

El sueño dorado que tenía de niña:

_____

_____

_____

_____

_____

_____

_____

Si pudiera traer de vuelta a una persona del pasado que ya no está, quién sería y por qué:

_____

_____

_____

_____

_____

Cuáles son los recuerdos más felices de mi pasado:

_____

_____

_____

_____

_____

_____

_____

Cuáles son los recuerdos más dolorosos de mi pasado:

_____

_____

_____

_____

_____

_____

_____

Lo que he aprendido de mis experiencias en el pasado:

_____

_____

_____

_____

_____

_____

Cómo ha influido mi pasado en la persona que soy hoy:

_____

_____

_____

_____

_____

_____

Qué cambiaría sí o sí de mi pasado:

_____

_____

_____

_____

_____

_____

_____

Qué NO cambiaría en absoluto de mi pasado:

_____

_____

_____

_____

_____

_____

_____

Qué me gustaba hacer de niña:

_____

_____

_____

_____

_____

_____

Qué odiaba de niña:

_____

_____

_____

_____

_____

_____

Siento remordimientos por:

_____

_____

_____

_____

_____

_____

_____

Algo que hice y nunca se lo he contado a nadie:

_____

_____

_____

_____

_____

_____

Mi mejor experiencia en el pasado:

_____

_____

_____

_____

_____

_____

Mi peor experiencia en el pasado:

_____

_____

_____

_____

_____

_____

Mi mayor éxito en el pasado:

_____

_____

_____

_____

_____

_____

_____

Mi mayor fracaso en el pasado:

_____

_____

_____

_____

_____

_____

_____

AMOR

¿Cómo describiría mi relación actual con el amor y las relaciones?

    a) Me interesa mucho y estoy abierta a nuevas relaciones

    b) Me es indiferente y no necesito una relación amorosa

    c) Me siento insegura y desconfío de las relaciones amorosas

    d) Estoy herida y quemada por relaciones pasadas y ya no quiero tener nada que ver con el amor

    e) Otra, que sería: _____

¿Cómo describiría mi nivel de exigencia en una relación?

    a) Muy alto, quiero que mi pareja satisfaga todas mis necesidades

    b) Moderado, reconozco que nadie puede satisfacer todas mis necesidades y estoy dispuesta a hacer concesiones

    c) Bajo, soy muy flexible y estoy dispuesta a adaptarme a las necesidades de mi pareja

    d) No tengo necesidades particulares en una relación amorosa

    e) Otro, que sería: _____

¿Cuáles son las características que busco en mi pareja ideal?

a) Sinceridad y lealtad

b) Inteligencia y sentido del humor

c) Ambición y éxito

d) Otras, que serían: _____

¿Cómo describiría mi nivel de dependencia emocional en una relación?

a) Muy alto, siento la necesidad de que mi pareja me tranquilice y me reconforte constantemente

b) Moderado, me gusta tener una pareja en quien pueda confiar y a quien acudir en momentos de dificultad, pero también soy independiente y capaz de cuidar de mí misma

c) Bajo, soy muy independiente y me siento cómoda en mi soledad

d) No necesito una relación amorosa para sentirme feliz y satisfecha

e) Otro, que sería: _____

¿Cómo describiría la comunicación que necesito en una relación?

a) Soy muy abierta y sincera, siempre estoy dispuesta a hablar de mis sentimientos y preocupaciones

b) A veces soy abierta y sincera, pero a veces tiendo a guardar las cosas para mí por miedo a herir o ser herida

c) Me resulta difícil hablar de mis sentimientos y prefiero guardarlos para mí

d) No necesito hablar de mis sentimientos en una relación

e) Otra, que sería: _____

Cuando estoy en una relación, ¿cómo me comporto con mi pareja?

a) Siempre soy muy cariñosa y atenta

b) A veces soy cariñosa y atenta, pero otras veces me siento distante y preocupada

c) Me mantengo a distancia y no me expongo demasiado

d) A menudo soy celosa y posesiva

e) De otra manera, que sería: _____

¿Cuál de las siguientes afirmaciones describe mejor mi forma de vivir las relaciones?

a) Me gusta cuidar de mi pareja y asegurarme de que se siente amada y satisfecha

b) Siempre intento hacer lo que me hace feliz, aunque esto pueda causar conflictos con mi pareja

c) Tiendo a poner mis necesidades en segundo plano y priorizo las de mi pareja

d) Me gusta que las cosas vayan a mi manera y que mi pareja se adapte a mis decisiones

e) Otra, que sería: _____

¿Cómo suelo reaccionar cuando hay problemas o conflictos en mi relación?

a) Siempre trato de resolverlos de forma constructiva, hablando y buscando soluciones con mi pareja

b) Me siento frustrada y tiendo a ignorar el problema esperando que pase solo

c) Me enojo e intento hacer valer mis razones sin preocuparme por las consecuencias

d) Intento escapar de la situación o encontrar a alguien más con quien hablar

e) Otra, que sería: _____

¿Cuánto tiempo le dedico a mi pareja cuando estoy con ella?

a) Le dedico todo mi tiempo y atención

b) Le dedico la mayor parte de mi tiempo, pero me guardo un poco de espacio para mí

c) Tiendo a centrarme en otras cosas mientras estamos juntos

d) Siempre trato de encontrar una manera de liberarme y hacer otros planes

e) Otro, que sería: _____

¿Cómo me siento normalmente cuando estoy en una relación?

a) Feliz y satisfecha

b) Insegura y preocupada

c) Insatisfecha y frustrada

d) Celosa e insegura

e) Otra, que sería: _____

La mejor relación que he tenido:

_____

_____

_____

_____

_____

_____

_____

La peor relación que he tenido:

_____

_____

_____

_____

_____

_____

El momento más bonito que he vivido con mi pareja actual:

_____

_____

_____

_____

_____

_____

_____

_____

_____

_____

_____

_____

_____

_____

_____

_____

La peor pelea con mi pareja actual:

_____

_____

_____

_____

_____

_____

_____

_____

_____

_____

_____

_____

_____

_____

Lo que me gustaría decirle a mi pareja actual, pero nunca he tenido el valor de hacerlo:

_____

_____

_____

_____

_____

_____

_____

_____

_____

_____

_____

_____

_____

Este espacio es para que escriba una carta a mi pareja:

_____

_____

_____

_____

_____

_____

_____

_____

_____

_____

_____

_____

_____

El momento más bonito que viví con mi ex:

_____

_____

_____

_____

_____

_____

La peor pelea que tuve con mi ex:

_____

_____

_____

_____

_____

_____

Lo que me hubiera gustado decirle a mi ex, pero nunca tuve el valor:

_____

_____

_____

_____

_____

_____

_____

_____

_____

_____

_____

_____

_____

_____

Este espacio es para que escriba una carta a mi ex:

_____

_____

_____

_____

_____

_____

_____

_____

_____

_____

_____

_____

_____

_____

_____

Mi pareja ideal debería ser:

_____

_____

_____

_____

_____

_____

_____

_____

_____

_____

_____

_____

_____

_____

Mi primera cita ideal sería:

_____

_____

_____

_____

_____

_____

_____

_____

_____

_____

_____

_____

_____

_____

El mensaje más bonito que he recibido de mi pareja:

_____

_____

_____

_____

El mensaje más feo que he recibido de mi pareja:

_____

_____

_____

_____

El mensaje más bonito que he recibido de mi ex:

_____

_____

_____

_____

El mensaje más feo que he recibido de mi ex:

_____

_____

_____

_____

El peor beso de la historia:

_____

_____

El mejor beso de la historia:

_____

_____

Mi primera vez fue con:

_____

_____

Mi primer beso fue con:

_____

_____

Posición sexual favorita con mi pareja:

_____

_____

Posición sexual favorita cuando estaba con mi ex:

_____

_____

Sueño erótico recurrente:

_____

_____

Lo que más me gusta del físico de mi pareja:

_____

_____

Lo que más me gustaba del físico de mi ex:

_____

_____

La pareja o ex de una amiga con quien me gustaría tener una relación:

_____

_____

El chico o la chica del lugar donde estudio o trabajo con quien me gustaría tener una relación:

_____

_____

El chico o la chica de mis sueños:

_____

_____

La mejor relación sexual que he tenido nunca:

_____

_____

La peor relación sexual que he tenido nunca:

_____

_____

¿Le hago regalos a mi pareja para demostrarle que la quiero?

Sí   No sé   No

☐   ☐   ☐

¿Cenamos fuera al menos una vez a la semana?

Sí   No sé   No

☐   ☐   ☐

¿Me gusta pasar tiempo con mi pareja?

Sí   No sé   No

☐   ☐   ☐

¿Me siento cómoda hablando con mi pareja de mis problemas?

Sí   No sé   No

☐   ☐   ☐

¿Me siento segura y protegida en mi relación?

Sí   No sé   No

☐   ☐   ☐

¿Mi pareja también es mi mejor amigo o amiga?

Sí   No sé   No

☐   ☐   ☐

¿Respeto la independencia de mi pareja?

Sí	No sé	No
☐	☐	☐

¿Confío ciegamente en mi pareja?

Sí	No sé	No
☐	☐	☐

¿Me siento cómoda besando a mi pareja en público?

Sí	No sé	No
☐	☐	☐

¿Es mi pareja la primera persona a la que acudo si necesito apoyo emocional?

Sí	No sé	No
☐	☐	☐

¿Está mi pareja disponible cuando necesito hablar de un problema?

Sí	No sé	No
☐	☐	☐

¿Mi pareja siempre es sincera y honesta conmigo?

Sí	No sé	No
☐	☐	☐

¿Respeta mi pareja mi espacio personal y mis necesidades individuales?

Sí	No sé	No
☐	☐	☐

¿Tenemos intereses comunes?

Sí	No sé	No
☐	☐	☐

¿Me anima y apoya mi pareja para que alcance mis objetivos y progrese como persona?

Sí	No sé	No
☐	☐	☐

¿Mi pareja actual será la persona con quien me case algún día?

Sí	No sé	No
☐	☐	☐

¿La quiero de verdad?

Sí	No sé	No
☐	☐	☐

¿Me siento en completa sintonía con mi pareja?

Sí	No sé	No
☐	☐	☐

¿Me gusta su familia?

Sí   No sé   No

☐   ☐   ☐

¿He pensado alguna vez en engañar a mi pareja?

Sí   No sé   No

☐   ☐   ☐

¿He engañado alguna vez a mi pareja?

Sí   No sé   No

☐   ☐   ☐

¿Sigo pensando en algún otro amor de mi pasado?

Sí   No sé   No

☐   ☐   ☐

¿Mi pareja actual es «el amor de mi vida»?

Sí   No sé   No

☐   ☐   ☐

¿Alguna vez he fingido con mi pareja?

Sí   No sé   No

☐   ☐   ☐

Tres características físicas que debe tener mi pareja ideal:

1. _____
2. _____
3. _____

Tres intereses que debe tener mi pareja ideal:

1. _____
2. _____
3. _____

Tres cualidades morales que debe tener mi pareja ideal:

1. _____
2. _____
3. _____

Tras rasgos de carácter que debe tener mi pareja ideal:

1. _____
2. _____
3. _____

Tres características físicas que mi pareja ideal NO debería tener:

1. _____
2. _____
3. _____

Tres intereses que mi pareja ideal NO debería tener:

1. _____
2. _____
3. _____

Tres cualidades morales que mi pareja ideal NO debería tener:

1. _____
2. _____
3. _____

Tres rasgos de carácter que mi pareja ideal NO debería tener:

1. _____
2. _____
3. _____

Mi pareja ideal debería ser:
(Llena los corazones del 1 al 10)

Fascinante ♡ ♡ ♡ ♡ ♡ ♡ ♡ ♡ ♡ ♡

Carismática ♡ ♡ ♡ ♡ ♡ ♡ ♡ ♡ ♡ ♡

Inteligente ♡ ♡ ♡ ♡ ♡ ♡ ♡ ♡ ♡ ♡

Amable ♡ ♡ ♡ ♡ ♡ ♡ ♡ ♡ ♡ ♡

Honesta ♡ ♡ ♡ ♡ ♡ ♡ ♡ ♡ ♡ ♡

Generosa ♡ ♡ ♡ ♡ ♡ ♡ ♡ ♡ ♡ ♡

Sensible ♡ ♡ ♡ ♡ ♡ ♡ ♡ ♡ ♡ ♡

Valiente ♡ ♡ ♡ ♡ ♡ ♡ ♡ ♡ ♡ ♡

Atlética ♡ ♡ ♡ ♡ ♡ ♡ ♡ ♡ ♡ ♡

Graciosa ♡ ♡ ♡ ♡ ♡ ♡ ♡ ♡ ♡ ♡

Artística ♡ ♡ ♡ ♡ ♡ ♡ ♡ ♡ ♡ ♡

Divertida ♡ ♡ ♡ ♡ ♡ ♡ ♡ ♡ ♡ ♡

Hermosa ♡ ♡ ♡ ♡ ♡ ♡ ♡ ♡ ♡ ♡

Alegre ♡ ♡ ♡ ♡ ♡ ♡ ♡ ♡ ♡ ♡

Mi pareja ideal debería ser:
(Llena los corazones del 1 al 10)

Elegante ♡ ♡ ♡ ♡ ♡ ♡ ♡ ♡ ♡ ♡

Deportista ♡ ♡ ♡ ♡ ♡ ♡ ♡ ♡ ♡ ♡

Arrogante ♡ ♡ ♡ ♡ ♡ ♡ ♡ ♡ ♡ ♡

Egocéntrica ♡ ♡ ♡ ♡ ♡ ♡ ♡ ♡ ♡ ♡

Irrespetuosa ♡ ♡ ♡ ♡ ♡ ♡ ♡ ♡ ♡ ♡

Mala ♡ ♡ ♡ ♡ ♡ ♡ ♡ ♡ ♡ ♡

Malvada ♡ ♡ ♡ ♡ ♡ ♡ ♡ ♡ ♡ ♡

Insensible ♡ ♡ ♡ ♡ ♡ ♡ ♡ ♡ ♡ ♡

Despectiva ♡ ♡ ♡ ♡ ♡ ♡ ♡ ♡ ♡ ♡

Deshonesta ♡ ♡ ♡ ♡ ♡ ♡ ♡ ♡ ♡ ♡

Irresponsable ♡ ♡ ♡ ♡ ♡ ♡ ♡ ♡ ♡ ♡

Quejica ♡ ♡ ♡ ♡ ♡ ♡ ♡ ♡ ♡ ♡

Descuidada ♡ ♡ ♡ ♡ ♡ ♡ ♡ ♡ ♡ ♡

Autoritaria ♡ ♡ ♡ ♡ ♡ ♡ ♡ ♡ ♡ ♡

Tres cosas que me encantan de mi pareja:

1. _____
2. _____
3. _____

Tres cosas que odio de mi pareja:

1. _____
2. _____
3. _____

Tres cosas que me encantaban de mi ex:

1. _____
2. _____
3. _____

Tres cosas que odiaba de mi ex:

1. _____
2. _____
3. _____

Top 10: las diez personas que MÁS me atraen del lugar donde trabajo o estudio:

1. _____
2. _____
3. _____
4. _____
5. _____
6. _____
7. _____
8. _____
9. _____
10. _____

Top 10: las diez personas que MENOS me atraen del lugar donde trabajo o estudio:

1. _____
2. _____
3. _____
4. _____
5. _____
6. _____
7. _____
8. _____
9. _____
10. _____

Mi relación actual es:
(Llena los corazones del 1 al 10)

Apasionada ♡ ♡ ♡ ♡ ♡ ♡ ♡ ♡ ♡ ♡

Íntima ♡ ♡ ♡ ♡ ♡ ♡ ♡ ♡ ♡ ♡

Confiada ♡ ♡ ♡ ♡ ♡ ♡ ♡ ♡ ♡ ♡

Leal ♡ ♡ ♡ ♡ ♡ ♡ ♡ ♡ ♡ ♡

Sincera ♡ ♡ ♡ ♡ ♡ ♡ ♡ ♡ ♡ ♡

Empática ♡ ♡ ♡ ♡ ♡ ♡ ♡ ♡ ♡ ♡

Comprensiva ♡ ♡ ♡ ♡ ♡ ♡ ♡ ♡ ♡ ♡

De apoyo ♡ ♡ ♡ ♡ ♡ ♡ ♡ ♡ ♡ ♡

Respetuosa ♡ ♡ ♡ ♡ ♡ ♡ ♡ ♡ ♡ ♡

Complaciente ♡ ♡ ♡ ♡ ♡ ♡ ♡ ♡ ♡ ♡

Amorosa ♡ ♡ ♡ ♡ ♡ ♡ ♡ ♡ ♡ ♡

Cariñosa ♡ ♡ ♡ ♡ ♡ ♡ ♡ ♡ ♡ ♡

Pesada ♡ ♡ ♡ ♡ ♡ ♡ ♡ ♡ ♡ ♡

Romántica ♡ ♡ ♡ ♡ ♡ ♡ ♡ ♡ ♡ ♡

Mi relación actual es:
(Llena los corazones del 1 al 10)

Gratificante ♡ ♡ ♡ ♡ ♡ ♡ ♡ ♡ ♡ ♡

Justa ♡ ♡ ♡ ♡ ♡ ♡ ♡ ♡ ♡ ♡

Sana ♡ ♡ ♡ ♡ ♡ ♡ ♡ ♡ ♡ ♡

Satisfactoria ♡ ♡ ♡ ♡ ♡ ♡ ♡ ♡ ♡ ♡

Opresiva ♡ ♡ ♡ ♡ ♡ ♡ ♡ ♡ ♡ ♡

Manipulativa ♡ ♡ ♡ ♡ ♡ ♡ ♡ ♡ ♡ ♡

Controladora ♡ ♡ ♡ ♡ ♡ ♡ ♡ ♡ ♡ ♡

Abusiva ♡ ♡ ♡ ♡ ♡ ♡ ♡ ♡ ♡ ♡

Insegura ♡ ♡ ♡ ♡ ♡ ♡ ♡ ♡ ♡ ♡

Infiel ♡ ♡ ♡ ♡ ♡ ♡ ♡ ♡ ♡ ♡

Infeliz ♡ ♡ ♡ ♡ ♡ ♡ ♡ ♡ ♡ ♡

Disfuncional ♡ ♡ ♡ ♡ ♡ ♡ ♡ ♡ ♡ ♡

Tóxica ♡ ♡ ♡ ♡ ♡ ♡ ♡ ♡ ♡ ♡

Honesta ♡ ♡ ♡ ♡ ♡ ♡ ♡ ♡ ♡ ♡

JURAMENTO

Prometo que estoy preparada para poner fin
a esta relación y prometo dejar mi corazón
abierto a nuevas oportunidades y posibilidades.
Soy consciente de que será difícil y doloroso,
pero creo que es lo mejor para mí.

Me comprometo a hacerlo con respeto y consideración,
y a cuidarme durante este proceso.

Acepto que se trata de una elección difícil,
pero estoy dispuesta a afrontar los retos que se
avecinan y a desprenderme de lo que ya no es necesario
en mi vida. Así, estoy preparada para seguir adelante
y encontrar la felicidad que merezco.

¿Le cierro la puerta a mi pareja y tiro la llave?

¡Sí, la cierro y vuelvo a vivir!

**¡No, prefiero sufrir antes de dejar que salga
de mi vida!**

Este espacio es para que escriba todo lo que me hizo sentir mal en el amor:
(Después de escribirlo, puedo arrancar esta página
y quemarla para que mis pensamientos negativos se
desvanezcan junto con el humo).

_____

_____

_____

_____

_____

_____

_____

_____

_____

_____

_____

Este espacio es para que escriba todo lo que me hizo sentir mal en el amor:

(Después de escribirlo, puedo arrancar esta página y quemarla para que mis pensamientos negativos se desvanezcan junto con el humo).

_____

_____

_____

_____

_____

_____

_____

_____

_____

_____

_____

_____

_____

_____

AMISTAD

Cuáles son las cualidades indispensables para ser mi amiga:

_____

_____

_____

_____

Qué representan mis amigos para mí:

_____

_____

_____

_____

Para mí, amistad significa:

_____

_____

_____

_____

Mi mejor amiga:

_____

_____

_____

_____

El momento más bonito que he pasado con mi mejor amiga:

_____

_____

_____

_____

Algo que solo mi mejor amiga y yo sabemos:

_____

_____

_____

_____

La peor pelea que he tenido con mi mejor amiga:

_____

_____

_____

_____

_____

_____

La mayor decepción que me he llevado de una amiga:

_____

_____

_____

_____

_____

_____

La mayor decepción que le he dado a una amiga:

_____

_____

_____

_____

_____

_____

El mejor momento que he vivido con mis amigos:

_____

_____

_____

_____

_____

_____

Los amigos con los que me siento mejor y por qué:

_____

_____

_____

_____

_____

_____

_____

Lo que me gusta de mis amigos:

_____

_____

_____

_____

_____

_____

_____

Lo que odio de mis amigos:

_____

_____

_____

_____

_____

_____

Personas que perdieron mi amistad y por qué:

_____

_____

_____

_____

_____

_____

Tres características básicas para ser mi amiga:

1. _____
2. _____
3. _____

Tres cosas que no tolero en una amistad:

1. _____
2. _____
3. _____

Tres cosas que haría por una amiga:

1. _____
2. _____
3. _____

Tres cosas que me gustaría hacer con mi mejor amiga:

1. _____
2. _____
3. _____

He terminado con estos amigos para siempre:

1. _____
2. _____
3. _____

FAMILIA

¿Qué relación tengo con mis padres?
- **a)** Muy estrecha y cariñosa
- **b)** A veces estrecha, a veces distante
- **c)** Nunca hablo con ellos o no los veo a menudo
- **d)** Otra, que sería: _____

¿Te gustaría que la relación con tus padres fuera diferente?
- **a)** No
- **b)** No lo sé
- **c)** Sí (especifica en qué te gustaría que fuera diferente):
  _____
  _____

¿Qué relación tengo con mi hermano o hermana?
- **a)** Muy estrecha y cariñosa
- **b)** A veces estrecha, a veces distante
- **c)** Nunca hablo con ellos o no los veo a menudo
- **d)** Otra, que sería: _____

¿Te gustaría que la relación con ellos fuera diferente?
- **a)** No
- **b)** No lo sé
- **c)** Sí (especifica en qué te gustaría que fuera diferente):
  _____
  _____

¿Qué relación tengo con mis abuelos?
- **a)** Muy estrecha y cariñosa
- **b)** A veces estrecha, a veces distante
- **c)** Nunca hablo con ellos o no los veo a menudo
- **d)** Otra, que sería: _____

¿Te gustaría que la relación con tus abuelos fuera diferente?
- **a)** No
- **b)** No lo sé
- **c)** Sí (especifica en qué te gustaría que fuera diferente):
  _____
  _____

¿Qué relación tengo con otros miembros de mi familia extensa (primos, tíos, etc.)?
- **a)** Muy estrecha y cariñosa
- **b)** A veces estrecha, a veces distante
- **c)** Nunca hablo con ellos o no los veo a menudo
- **d)** Otra, que sería: _____

¿Te gustaría que la relación con ellos fuera diferente?
- **a)** No
- **b)** No lo sé
- **c)** Sí (especifica en qué te gustaría que fuera diferente):
  _____
  _____

Este espacio es para que escriba una carta a mis padres:

_____

_____

_____

_____

_____

_____

_____

_____

_____

_____

_____

_____

_____

_____

Este espacio es para que escriba una carta a mi madre:

_____

_____

_____

_____

_____

_____

Este espacio es para que escriba una carta a mi padre:

_____

_____

_____

_____

_____

_____

Este espacio es para que escriba una carta a mi hermano o hermana:

_____

_____

_____

_____

_____

_____

_____

_____

_____

_____

_____

_____

_____

Las cualidades de mis padres:

_____

_____

_____

_____

_____

_____

Los defectos de mis padres:

_____

_____

_____

_____

_____

_____

Las cualidades de mis abuelos:

_____

_____

_____

_____

_____

_____

Los defectos de mis abuelos:

_____

_____

_____

_____

_____

_____

Las cualidades de mi hermano o hermana:

_____

_____

_____

_____

_____

_____

Los defectos de mi hermano o hermana:

_____

_____

_____

_____

_____

_____

Mi madre me ha enseñado:

_____

_____

_____

_____

_____

_____

Mi padre me ha enseñado:

_____

_____

_____

_____

_____

_____

El momento más bonito que he vivido en familia:

_____

_____

_____

_____

_____

_____

_____

El momento más desagradable que he vivido en familia:

_____

_____

_____

_____

_____

_____

Cosas que le he ocultado a mi familia:

_____

_____

_____

_____

_____

_____

Cosas que me gustaría compartir con mi familia:

_____

_____

_____

_____

_____

_____

Qué representa mi madre para mí:

_____

_____

_____

_____

_____

_____

Qué representa mi padre para mí:

_____

_____

_____

_____

_____

_____

Qué representa mi hermano o hermana para mí:

_____

_____

_____

_____

_____

_____

Qué representan mis abuelos para mí:

_____

_____

_____

_____

_____

_____

FUTURO

¿Qué profesión me gustaría ejercer en el futuro?
- **a)** Me gustaría ser médica
- **b)** Me gustaría ser abogada
- **c)** Me gustaría ser ingeniera
- **d)** Me gustaría ser artista
- **e)** Otra, que sería: _____

¿Dónde me gustaría vivir en el futuro?
- **a)** En Nueva York
- **b)** En París
- **c)** En Londres
- **d)** En Sídney
- **e)** En otro lugar, que sería: _____

¿Qué situación familiar imagino para mí en el futuro?
- **a)** Casada y con hijos
- **b)** Soltera
- **c)** Con pareja de hecho
- **d)** Separada o divorciada
- **e)** Otra, que sería: _____

¿Cuál será mi mayor logro?
- **a)** Graduarme en la universidad
- **b)** Tener éxito profesional
- **c)** Viajar por todo el mundo
- **d)** Tener una familia feliz y estable
- **e)** Otro, que sería: _____

¿Cuál será mi estilo de vida en el futuro?
- **a)** Tendré una rutina bien organizada y estable
- **b)** Tendré una vida flexible e impredecible
- **c)** Tendré una vida dedicada a la familia y a la comunidad
- **d)** Tendré una vida centrada en la aventura y el viaje
- **e)** Otro, que sería: _____

¿Cuál será mi situación financiera en el futuro?
- **a)** Tendré unos ingresos estables y suficientes para satisfacer mis necesidades
- **b)** Tendré unos ingresos variables o inciertos
- **c)** Habré ahorrado lo suficiente para tomarme un descanso del trabajo
- **d)** Habré acumulado una riqueza considerable o bienes de valor

¿Dónde viviré en el futuro?
- **a)** En una vivienda
- **b)** En un apartamento alquilado
- **c)** En una casa en un árbol o una caravana
- **d)** Con los padres u otros familiares
- **e)** Otra, que sería: _____

¿Cuál es mi trabajo ideal en el futuro?

a) Trabajar en una empresa exitosa

b) Trabajar como autónoma

c) Trabajar en una empresa social o con fines benéficos

d) Trabajar en una industria creativa, como el arte o la música

e) Otro, que sería: _____

Cómo es mi futuro ideal:

_____

_____

_____

_____

_____

_____

Cómo me veo dentro de cinco años:

_____

_____

_____

_____

_____

_____

Cuáles son mis objetivos a largo plazo:

_____

_____

_____

_____

_____

_____

Mi mayor sueño para el futuro:

_____

_____

_____

_____

_____

_____

De qué me gustaría deshacerme en el futuro:

_____

_____

_____

_____

_____

_____

Qué me gustaría conservar en el futuro:

_____

_____

_____

_____

_____

_____

Qué personas me gustaría seguir teniendo a mi lado en el futuro:

_____

_____

_____

_____

_____

_____

Con quién me gustaría pasar el resto de mi vida:

_____

_____

_____

_____

_____

_____

Tres personas que me gustaría que estuvieran conmigo en el futuro:

1. _____
2. _____
3. _____

Tres personas que me gustaría eliminar de mi vida en el futuro:

1. _____
2. _____
3. _____

Tres objetivos que quiero alcanzar en el futuro:

1. _____
2. _____
3. _____

Tres cosas que quiero eliminar de mi vida:

1. _____
2. _____
3. _____

Tres cosas que quiero aprender en el futuro:

1. _____
2. _____
3. _____

Tres personas a las que quiero pedir disculpas en el futuro:

1. _____
2. _____
3. _____

Tres locuras que quiero hacer en el futuro:

1. _____
2. _____
3. _____

Tres palabras de la suerte para mi futuro:

1. _____
2. _____
3. _____

Tres libros que quiero leer en el futuro:

1. _____
2. _____
3. _____

JURAMENTO
AL FUTURO

Jamás...

_____
_____
_____
_____
_____
_____

Me esforzaré por...

_____
_____
_____
_____
_____
_____

Prometo...

_____
_____
_____
_____
_____
_____

No me enfadaré si...

_____

_____

_____

_____

_____

_____

No me quejaré si...

_____

_____

_____

_____

_____

_____

Voy a dejar de...

_____

_____

_____

_____

_____

_____

Este espacio es para que escriba una carta a mi yo del futuro:

Querida yo del futuro:

_____

_____

_____

_____

_____

_____

_____

_____

_____

_____

_____

_____

_____

MEJORA TU AUTO- ESTIMA

Ejercicio
para reconocer mis fortalezas y mis propias virtudes, mis cualidades y mis potencialidades

Cada noche, antes de acostarme, puedo tomarme cinco minutos para escribir tres cosas que me hayan gustado de mí misma y que me hacen ser mejor persona. También son buenas las acciones que pueden parecer triviales, como ayudar a mi madre a llevar la compra o ayudar a mi amiga con un ejercicio de matemáticas.

A la mañana siguiente, puedo releer mis acciones.

DÍA 1

1. _____
   _____

2. _____
   _____

3. _____
   _____

DÍA 2

1. _____
   _____

2. _____
   _____

3. _____
   _____

DÍA 3

1. _____

   _____

2. _____

   _____

3. _____

   _____

DÍA 4

1. _____

   _____

2. _____

   _____

3. _____

   _____

DÍA 5

1. _____

   _____

2. _____

   _____

3. _____

   _____

DÍA 6

1. _____
   _____

2. _____
   _____

3. _____
   _____

DÍA 7

1. _____
   _____

2. _____
   _____

3. _____
   _____

DÍA 8

1. _____
   _____

2. _____
   _____

3. _____
   _____

Ejercicio
para dividir los objetivos

Este espacio es para que escriba una lista de objetivos que me gustaría alcanzar. No importa lo difíciles que sean. Ahora puedo comenzar con el objetivo más fácil y dividirlo en diez pasos pequeños. Cuando haya completado el primer paso o lo haya asimilado bien podré pasar al siguiente.

Paso a paso alcanzaré el objetivo.

Objetivo 1
Diez pequeños pasos para alcanzarlo

1. _____
2. _____
3. _____
4. _____
5. _____
6. _____
7. _____
8. _____
9. _____
10. _____

Objetivo 2
Diez pequeños pasos para alcanzarlo

1. _____
2. _____
3. _____
4. _____
5. _____
6. _____
7. _____
8. _____
9. _____
10. _____

Objetivo 3
Diez pequeños pasos para alcanzarlo

1. _____
2. _____
3. _____
4. _____
5. _____
6. _____
7. _____
8. _____
9. _____
10. _____

Diez pequeños pasos para alcanzarlo

1. _____
2. _____
3. _____
4. _____
5. _____
6. _____
7. _____
8. _____
9. _____
10. _____

Objetivo 5

Diez pequeños pasos para alcanzarlo

1. _____
2. _____
3. _____
4. _____
5. _____
6. _____
7. _____
8. _____
9. _____
10. _____

Ejercicio
para no tener miedo a equivocarse

Todos cometemos errores. Cuando pienso que he cometido un error, en lugar de regañarme y recordarme lo estúpida que soy con frases como «Soy un desastre, no sé hacer nada y jamás lograré hacer nada», puedo intentar cambiar mi discurso admitiendo el error, pero también tratando de afrontarlo desde la razón. Por ejemplo: «Vale, ¡me equivoqué! ¿Podría haber hecho algo diferente? ¿Qué me llevó a equivocarme? ¿Qué podría hacer de otra manera la próxima vez?».

Además, antes de ser demasiado dura conmigo misma, lo puedo analizar desde una perspectiva externa: «Si una persona cometiera un error como el mío, ¿sería igual de severa? ¿Cómo reaccionaría?».

ERROR QUE CREO QUE HE COMETIDO

_____
_____
_____

¿Podría haberlo evitado?

_____
_____
_____

¿Qué factores me llevaron a equivocarme?

_____
_____
_____

¿Qué otra cosa podría haber hecho?

_____

_____

_____

¿Cómo me siento después de cometer este error?

_____

_____

_____

¿Sería tan dura si otra persona cometiera este error o, por el contrario, sería más comprensiva?

_____

_____

_____

¿Qué recomendaría a la persona que cometió el error?

_____

_____

_____

Ejercicio
para cambiar lo que no me gusta de mí

Mejorarme a mí misma no es fácil porque todas llevamos una pesada carga de inseguridades y miedos. Pero estas no deben detenerme. A veces un pequeño truco puede ayudarme a superar las barreras emocionales que me ponen obstáculos en mi día a día.

Cada mañana puedo escribir una lista de cosas que haría si no tuviera miedo y estuviera más segura de mí misma. Imagino la persona segura que quiero ser y actúo como si fuera ella.

¿Cómo me vestiría? ¿Cómo me maquillaría? ¿Cómo hablaría? ¿Cómo me relacionaría con los demás? Queen en la canción «Bohemian Rapsody» cantaba: **«You can be anything you want to be, just turn yourself into anything you think that you could ever be...»**, que viene a significar: «Puedes ser todo lo que quieras ser, solo conviértete en todo lo que crees que puedes ser».

DÍA 1
¿Qué haría y cómo actuaría si no tuviera miedo y estuviera más segura de mí misma?

_____

_____

_____

_____

_____

_____

DÍA 2

**¿Qué haría y cómo actuaría si no tuviera miedo
y estuviera más segura de mí misma?**

_____

_____

_____

_____

_____

_____

_____

_____

DÍA 3

**¿Qué haría y cómo actuaría si no tuviera miedo
y estuviera más segura de mí misma?**

_____

_____

_____

_____

_____

_____

_____

DÍA 4
**¿Qué haría y cómo actuaría si no tuviera miedo
y estuviera más segura de mí misma?**

_____

_____

_____

_____

_____

_____

_____

_____

DÍA 5
**¿Qué haría y cómo actuaría si no tuviera miedo
y estuviera más segura de mí misma?**

_____

_____

_____

_____

_____

_____

_____

_____

Ejercicio
para acallar tu crítica interior

Aprender a hablarme a mí misma desde la amabilidad y el respeto requiere de un gran esfuerzo. Muchas veces puedo ser mi peor crítica y distorsionar cómo interpreto la realidad con un discurso interno negativo, que me hace sentir mal, menos o no suficiente y me desmotiva. Es importante cuidar mis pensamientos y hablarme con amabilidad para percibir el mundo como un lugar seguro y lleno de oportunidades.

Este espacio a continuación es para que escriba algunos de los mensajes negativos que me digo a mí misma. Puedo tomarme el tiempo que necesite, ya que quizá no me resulte fácil. A continuación, puedo tachar esos mensajes y convertirlos en mensajes positivos y que me aporten.

REFLEXIÓN FINAL

En este libro abordamos varios desafíos y
exploramos nuestros pensamientos y sentimientos
a través de preguntas de autorreflexión.

Espero que hayas encontrado este libro útil y que
te hayas sentido apoyada en tu búsqueda para
comprenderte mejor a ti misma y a tus experiencias.

Recuerda que no estás sola y que siempre hay
personas dispuestas a ayudarte y a escucharte.
No hay nada malo en pedir ayuda o hablar de tus
sentimientos con alguien en quien confíes.

Sigue explorándote y haciéndote preguntas.
No hay respuestas correctas o incorrectas, lo importante
es ser honesta contigo misma y tratar de averiguar qué
funciona mejor para ti.

No dejes que los traumas del pasado te impidan vivir
al máximo el presente y el futuro. Usa las respuestas que
escribiste en este libro para ayudarte a superar los
momentos difíciles y construir la vida que deseas.

Nunca olvides que eres fuerte, valiente y capaz de
superar cualquier obstáculo. Sigue aprendiendo de ti
misma y descubre quién eres realmente. Siempre podrás
encontrar la fuerza y la determinación para seguir
adelante y construir una vida feliz y satisfactoria.

**Que tengas el viento a tu favor, que el sol brille
en tu cara y que el viento del destino te lleve alto
para bailar con las estrellas.**

Guarda este diario en un lugar seguro y recuerda: nadie tiene que saber el contenido de estas páginas, excepto tú.